BEI GRIN MACHT SICH IHR
WISSEN BEZAHLT

- Wir veröffentlichen Ihre Hausarbeit,
  Bachelor- und Masterarbeit

- Ihr eigenes eBook und Buch -
  weltweit in allen wichtigen Shops

- Verdienen Sie an jedem Verkauf

Jetzt bei www.GRIN.com hochladen
und kostenlos publizieren

Madleen Wendt

Vergleich des Romanbeginns und des Romanendes von „Die Brandung" mit der Novelle „Das fliehende Pferd" von Martin Walser

GRIN Verlag

Bibliografische Information der Deutschen Nationalbibliothek:

Die Deutsche Bibliothek verzeichnet diese Publikation in der Deutschen National-
bibliografie; detaillierte bibliografische Daten sind im Internet über http://dnb.d-
nb.de/ abrufbar.

Impressum:

Copyright © 2011 GRIN Verlag GmbH
Druck und Bindung: Books on Demand GmbH, Norderstedt Germany
ISBN: 978-3-656-61064-9

Dieses Buch bei GRIN:

http://www.grin.com/de/e-book/269882/vergleich-des-romanbeginns-und-des-
romanendes-von-die-brandung-mit-der

GRIN - Your knowledge has value

Der GRIN Verlag publiziert seit 1998 wissenschaftliche Arbeiten von Studenten, Hochschullehrern und anderen Akademikern als eBook und gedrucktes Buch. Die Verlagswebsite www.grin.com ist die ideale Plattform zur Veröffentlichung von Hausarbeiten, Abschlussarbeiten, wissenschaftlichen Aufsätzen, Dissertationen und Fachbüchern.

**Vergleich des Romanbeginns und des Romanendes von „Die Brandung" mit der
Novelle „Das fliehende Pferd" von Martin Walser**

„Die Brandung" ist ein Roman Martin Walsers, der an die Novelle „Ein fliehendes Pferd"
anknüpft. Zu Beginn des Romans steht Helmut Halm, der Protagonist beider Erzählungen, vor
dem Spiegel und reflektiert über einen Anruf aus Kalifornien. Ein ehemaliger Freund und
Bekannter bietet Helmut die Möglichkeit einer Gastprofessur für das Herbstsemester in
Kalifornien an, da ihm ein Dozent fehle. Der Freund Halms, Rainer Mersjohann aus
Tübingen, will dadurch die Freundschaft auffrischen, die mittlerweile fast eingeschlafen ist.
Helmut bittet um Bedenkzeit von 48 Stunden und sagt, er müssen noch mit seiner Frau
darüber sprechen.

Der Roman „Die Brandung" endet mit einem Gespräch Halms mit Sabine, seiner Frau.
Zunächst folgt eine Art Schlagabtausch von Ja´s, wonach Helmut seiner Frau die
Geschehnisse erklären will. Hierbei beginnt er mit der zu Beginn des Romans beschriebenen
Situation vor dem Spiegel.

Zugleich fällt eine Parallele zu Beginn und Ende der Novelle „Ein fliehendes Pferd" auf:
Auch in der Novelle entschließt sich Helmut seiner Frau die Geschehnisse aus seiner Sicht zu
erzählen und zu erläutern, wobei er den ersten Satz der Novelle aufgreift: „Also bitte, sagte er.
Es war so: Plötzlich drängte Sabine aus dem Strom der Promenierenden hinaus und ging auf
ein Tischchen zu, an dem noch niemand saß" (Ein fliehendes Pferd, S.15), was dem ersten
Satz der Novell genau entspricht (vgl. S.9). In „Die Brandung" wird der erste Satz zwar nicht
exakt wiedergegeben, jedoch bezieht sich Helmut klar auf diesen: „Er fing an mit den zweiten
Ferientag, als er im Bad vor dem Spiegel stand, das Rasieren hinter sich hatte, aber nicht
aufhören konnte, sein Gesicht mit einer unauflösbaren Mischung aus Mißgunst und Genuß zu
betrachten" (Die Brandung, S.319). Der erste Satz des Romans ist hier wortgetreu
wiedergegeben, da auch Helmuts Aussage mit indirekter Rede wiedergegeben wird.

Die Novelle „Ein fliehendes Pferd" wird durch das Aufgreifen des ersten Satzes strukturell
abgeschlossen. Dadurch, dass Helmut seine Erzählung beginnt, wird die Novelle zu seiner
eigenen Erzählung. Dem vorausgehend schränkt Helmut den Wahrheitsgehalt und die
Vollständigkeit seiner Nacherzählung durch das Hilfsverb „kann" ein: „Es tut mir leid, sagte
er, aber es kann sein, ich erzähle dir alles von diesem Helmut, dieser Sabine" (S.151). Auch,
dass Sabine sagt: „Ich glaube nicht, dass ich dir alles glaube" (S.151) deutet voraus, dass das
Ende der Novelle zwar den Beginn einer neuen Kommunikation in ihrer Beziehung darstellt,
dass sich Helmut, der in der Vergangenheit zu großer Mitteilungsbereitschaft gegenüber
jedem vermied, entschließt seine Frau an seinen Gedanken teilhaben zu lassen, jedoch ist die
Wiederholung des ersten Satzes der Novelle gleichsam ein Zeichen dafür, dass sich die
Beziehung der Halms nicht grundlegend verändern wird.

Obwohl die Novelle also in ihrer Struktur durch das Aufgreifen des Beginns abgeschlossen
ist, bleibt der Ausgang offen, vor allem die Frage des Fortgangs der Beziehung wird nicht
beantwortet.

Während allerdings in der Novell Sabine Helmut drängt ihr die Geschehnisse zu erklären, sie also der Impuls für sein Beginnen dessen darstellt, geht dieser im Roman „Die Brandung" von Helmut aus: „Er sagte, er müsse ihr etwas sagen" (Die Brandung, S.319). Die Vertrautheit der beiden am Ende der Novelle „Ein fliehendes Pferd" lässt im Roman missen. In der Novelle ist der Schlagabtausch vor Helmuts Beginn seiner Erzählung zärtlich und folgt dem Liebesgeständnis Helmuts: „Ach du einziger Mensch. Sabine" (S.150). Im Roman hingegen wirken die einsilbigen Antworten nicht vertraut. Sabines „Also" wirkt hier resignierend. Im Angesichts der Tatsache, dass Helmut während seines Aufenthaltes in Kalifornien Sabine betrogen hat, ist das Fehlen der Leichtigkeit und Vertrautheit nicht verwunderlich.

Doch, dass Helmut den Willen hat, sich seiner Frau zu öffnen auch nach dem Ehebruch, zeigt, wie wichtig sie ihm immer noch ist.

Roman und Novelle Walsers werden also beide durch das Aufgreifen des Beginns dieser strukturell abgeschlossen und geben beide die Perspektive einer Kommunikation in der Beziehung der Halms.

„Die Brandung" ist dem modernen Roman zuzuordnen; aus welchen Gründen soll im Folgenden erläutert werden.

Zunächst geschieht die Figurenbeschreibung im gegebenen Textausschnitt durch Handlung, Gedanken und Gespräche und nicht explizit durch den Erzähler. Der Rezipient soll sich die Beweggründe Helmuts selbst erschließen. Der moderne Roman hat dies zur Eigenschaft im Gegensatz zum traditionellen, der leicht durchschaubare, detailliert beschriebene Helden verzeichnet.

Ein weiterer Gesichtspunkt des Romans „Die Brandung" ist eine Eigenschaft des modernen Romans: Das Interesse gilt dem innerlichen Gedankenraum des Menschen. Es werden vorrangig Halms Gedanken dargestellt: „Er hatte jetzt Angst vor seinen Träumen" (Die Brandung, S.319). Dies ist der personalen Erzählhaltung zuzuschreiben, die vorrangig aus der Innenperspektive Helmuts geschieht. Auch die Innenperspektive und die personale Erzählhaltung sind Merkmale des modernen Romans.

Neben der erlebten Rede spielen Techniken wie Rückblenden und Erinnerungsmonologe im modernen Roman eine große Rolle, wodurch die Kontinuität der Handlung, wie sie beim traditionellen Roman besteht, durchbrochen wird. Auch dies findet sich in „Die Brandung" wieder: Die Geschehnisse werden aus der Perspektive Halms rückblickend erzählt, dabei allerdings werden weitere Vergangenheitsebenen eingeschoben. Die erste ist die Situation vor dem Spiegel, die zweite Ebene stellt die Erinnerung an den Anruf auf Kalifornien dar. Die dritte Ebene sind die Rückblenden in die Vergangenheit: „Als die Kinder noch im Haus gewesen waren, hatte so gut wie kein Anruf ihm gegolten." (Die Brandung, S.7).

Weitere Gestaltungsmittel des modernen Romans lassen sich jedoch auch in der Novelle „ein fliehendes Pferd" finden: In dieser wird Halm als individualisierter depotenzierter Anti-Held präsentiert. Helmut leidet unter dem Leistungsdruck der Gesellschaft und verschließt sich vor der Welt. Er legt sich Scheinidentitäten zu, da er nicht zu viel von sich preisgeben will: „Wenn jemand von ihm noch nichts wusste, war noch alles möglich…" (S.13). Die

Degradierung des Helden ist ein wesentliches Gestaltungsmittel des modernen Romans. Denn dieser will das Interesse am Einzelschicksal aufgeben und gesellschaftliche Probleme und den Menschen an sich in den Mittelpunkt stellen. Auch dies findet sich in der Novelle: Mit dem introvertierten Helmut Halm zeigt Martin Walser auf, dass wir in einer Welt leben, die von Leistungsdruck, Karriere und Geld geprägt ist, vor der dem Einzelnen nur noch die Möglichkeit bleibt zu flüchten und seine Verzweiflung hinter einer Maske zu verstecken. Walser kritisiert also die gesellschaftlichen Verhältnisse, die Helmut zu seiner Lebenseinstellung zwingen. Gleichzeitig zeigt Walser aber auch, dass jede Flucht vor der Gesellschaft (ob introvertiert wie bei Halm oder extrovertiert wie bei Klaus Buch) wieder in der Gesellschaft endet, was mit dem Einfangen des fliehenden Pferdes symbolisiert wird (vgl. S.90). Der Einbezug gesellschaftlicher Verhältnisse ist also ein weiteres Gestaltungsmittel des modernen Roman, das die Novelle aufweist.

Obwohl das Ende, wie bereits herausgestellt, die Novelle strukturell abschließt, bleibt ungeklärt, ob sich die Beziehung der Halms ändert oder auch der Fortgang der Beziehung der Buchs bleibt ungewiss. Ein offenes Ende ist ebenfalls ein wichtiges Element des modernen Romans, der im Gegensatz zum traditionellen Roman nicht nur Antworten gibt, sondern auch anregen will zum eigenständigen Nachdenken, zur Reflexion.

Als Letztes ist zu nennen, dass im modernen Roman die geordnete Welt nicht mehr vorhanden ist und es den Figuren erschwert wird bzw. unmöglich gemacht wird, den Lebenssinn aufzusuchen und zu finden, was sich auch in der Identitätskrise Helmuts niederschlägt.

Es lassen sich also zahlreiche Gestaltungsmittel und Merkmale des modernen Romans sowohl im Roman „Die Brandung" als auch in der Novelle „Ein fliehendes Pferd" finden.